कलाम ए शीराज़

शीराज़

BlueRose ONE .com
Stories Matter
NewDelhi • London

BLUEROSE PUBLISHERS
India | U.K.

Copyright © Shiraaz 2024

All rights reserved by author. No part of this publication may be reproduced, stored in a retrieval system or transmitted in any form or by any means, electronic, mechanical, photocopying, recording or otherwise, without the prior permission of the author. Although every precaution has been taken to verify the accuracy of the information contained herein, the publisher assumes no responsibility for any errors or omissions. No liability is assumed for damages that may result from the use of information contained within.

BlueRose Publishers takes no responsibility for any damages, losses, or liabilities that may arise from the use or misuse of the information, products, or services provided in this publication.

For permissions requests or inquiries regarding this publication,
please contact:

BLUEROSE PUBLISHERS
www.BlueRoseONE.com
info@bluerosepublishers.com
+91 8882 898 898
+4407342408967

ISBN: 978-93-6452-014-0

Cover Design: Sadhna Kumari
Typesetting: Pooja Sharma

First Edition: August 2024

पेशे से डॉक्टर हूं और शायरी का शौक़ मैडिकल कॉलेज से शुरू हुआ तख़ल्लुस शीराज़ (मतलब प्रबंधन)। शुरू शुरू मे शायरी कच्ची तो थी मगर रफ़्ता रफ़्ता निखार आता गया। तन्हा पसंद था और शायद यही वजह थी कि शायरी की रफ़्तार बढ़ती चली गई। एक आध बार किसी के लिए कुछ अशआर भी लिखे जो उनको तो अच्छे लगे लेकिन मुझे भी बहुत अच्छे लगे, जैसे कि एक शेर है - राज़ ए उल्फ़त को कभी हमने जबां से न कहा, आंखों आंखों ही मे हम बात किया करते थे। उसके बाद जब जब किसी ने किसी बात पर लिखने को कहा तो लिख दिया।

शायरी कभी भी मेरे डाक्टरी पेशे की राह मे नही आई। शायरी खिलवत और तन्हाई मे ही लिखी गई। शायरी मे इश्क मोहब्बत हिज्र के साथ साथ समाजिक मुद्दे भी उठाए गए। कलाम ए शीराज़ उनवान है मेरी शायरी का पेश ए ख़िदमत है कलाम ए शीराज़ उनके लिए जो मेरे अज़ीज़ हैं, जो मेरे मुश्ताक़ हैं। कहीं न कहीं हो सकता है मुझसे कोई ग़लती भी हुई हो, मेरी गुज़ारिश है कि आप मुझे मेरी हर गलती से आगाह करें आप सभी का तहे दिल से शुक्रिया।

आपका अपना
शीराज़।

बिछड़ जाने के खौफ से क्या मिलना छोड़ देते हैं
खिजां के खौफ से क्या फूल खिलना छोड़ देते हैं।

हो इम्कां अगर कोई तूफां आने का सागर मे
यूं मोजौं के सहारे कश्तियां क्या छोड़ देते हैं।

ये माना कि नही आसां कभी रस्ता कभी सफ़र
यूं घबरा कर क्या मंजिल की तमन्ना छोड़ देते हैं।

कजां ही हयात का किनारा है ख़बर सबको
कहां हैं लोग जो फिर डर कर जीना छोड़ देते हैं।

चली जो आंधियां अतराफ मुकद्दर है चिरागों का
तूफ़ानों मे भला क्या जुगनू चमकना छोड़ देते हैं।

चलो ढूंढो कोई रस्ता अलग सा अब मरासिम को
जरा सी बात पे शीराज़ क्या याराना छोड़ देते हैं।

हर कोई आशिक़ी के काबिल नही होता
ये वो दयार है सबको हासिल नही होता।

बड़े सब्र से खुद को मिटाना होता है
साबत क़दम मक़ाम हर हासिल नही होता।

छोड़ो दुआएं और तदबीर कुछ करो
मेहनत बगैर आदमी कामिल नही होता।

इक उम्र ये भी सूरत संवारने मे गुजर गई
अफसोस आईना कोई मुत्मइन नही होता।

मिट्टी ये मिट्टी हो गई मिट्टी के वास्ते
जिंदा आदमी को कुछ हासिल नही होता।

शीराज़ ख़्वाबों से वो कितने मुत्तासिर हैं
नही जानते ख़्वाबों से कुछ हासिल नही होता।

शिद्दत ए दिल चेहरे पर आने न दिया
हाले दिल उसने भी सुनाने न दिया।

इबलाग़ ए फिक्र तक वो आया तो था
महवे ख़्वाब उसको मगर आने न दिया।

इक फिक्र ए हज़ूम रहता है रोज रोज
दिल के करीब कभी उसे आने न दिया।

मुद्दतों वो शख्स कुरेदता रहा मुझको
कई रोज ख़्यालों मे उसे आने न दिया।

किस्सा शीराज़ अपना भी अजीब है
समझ मे किसी की कुछ आने न दिया।

ग़ज़ल क्या थी इक दर्द का सैलाब था
हर लफ्ज़ इक नमुक्कमल सा ख़्वाब था।

शायद कहीं टूट कर गिरा है आसमां
फिजाओं मे फक्त अज़ाब ही अज़ाब था।

स्याह रात है कि ये ग़मों की गर्द है
महवे ख़्याल था यां दिल महवे ख़्वाब था।

इस कद्र उदास ये आलम कभी न था
जो भी नज़र मे था मौज ए सराब्र था।

अब न कू ए यार का पूछिए पता
तामीर ढह गई उधर इश्क ए ख़राब था।

सानी हमारे जैसा ढूंढोगे क्या शीराज़
कभी आग का दरिया कभी आब आब था।

रंज की हर बात पर जिक्र तुम्हारा क्यूं है
पल पल हरीफ़ ए जां फिक्र तुम्हारा क्यूं है।

मेरी बर्बादी पे अफसोस नही कोई मगर
ग़म है कि इसमे भी हाथ तुम्हारा क्यूं है।

जैसे तैसे कैसे भी हर हाल निभाया है
बेरुखी का ये चलन आज तुम्हारा क्यूं है।

रहनुमा को रुसवाईयों का सहारा क्यूं है
मेरी शोहरत मे भी नाम तुम्हारा क्यूं है।

बेखुदी मे भी लबों पे नाम तुम्हारा क्यूं है
इस पैकरे तस्वीर पे साया तुम्हारा क्यूं है।

यां अकीदत औ इबादत बेवजह क्यूं है
नाखुदा और ख़ुदा सब तुम्हारा क्यूं है।

शीराज़ हर दफ़ा अपना ही ख़सारा क्यूं है
दाग़ ए दिल भी मेरा आखिर तुम्हारा क्यूं है।

हो गए मशहूर कितने थोड़ी सी रुसवाई के बाद
खुद शनास हो गए मुद्दत की तन्हाई के बाद।

उनमे वफ़ा तो क्या बेवफाई भी नही दिखती
आलम बदल गया तमाम अब के जुदाई के बाद।

मुझको है साहिल की न दरकार न कोई जुस्तजू
बुल अज़ब मक़ाम था दरिया की गहराई के बाद।

लौट कर आया है तो कोई नया किस्सा सुना
शायद सकूं मिल जाए गुफ़्तार ए आराई के बाद।

ए दिल ए शीराज़ नादां करता नही तमहीद क्यूं
बदल जाएंगे फैसले अब के शनवाई के बाद।

राहत ए दिल का कोई रस्ता नज़र आता नही
जो चला जाता है क्यूं फिर लौटकर आता नही।

जो निगाहें शौक़ रखता था किधर चला गया
गर नज़र के रूबरू है क्यूं नज़र आता नही।

गुम हुए जाते हैं हम यूं दश्त की सराब्रों मे
हमको साया तक हमारा नज़र आता नही।

इक शरारा दरून ए सीना जब से कर लिया
आहे फ़ुगां का धुआं कोई सू नज़र आता नही।

हम कोई आवारगी को तो नही निकले शीराज़
मुझ लापता को ढूंढने क्यूं तू इधर आता नही।

मुस्तिकल नही रहते हवाओं के मिज़ाज
मरहलतें दिलों को दानाओं के मिज़ाज।

इक मुद्दत से जंजीर थे मुझसे मेरे ख़्याल
न रहे पहले से हम न वो पहले से मिज़ाज।

मौसम है अभी और कितने रंग दिखाएगा
मिलेगा अदम से मौसम अदम के मिज़ाज।

रस्में जहां से न कभी आज़ाद हो सकेंगे
बिखरे हुए ये लोग यां उखड़े हुए मिज़ाज।

हर आदमी को फिक्र है तो मफ़ादात की
यूं ही तो नही कोई मिलता हमसे शीराज़।

बाकायदा हम सलीके से पेश आते रहे
हर बात दिल की दिल ही मे दबाते रहे।

कशमकश वस्ल औ हिज्र जब जब हुई।
हां मे या न मे सर अपना हिलाते रहे।

शौक़ ए एतमाद की हद का क्या कहिए
लुत्फ़ हर फरेब पर क्या क्या पाते रहे।

गुफ्तगू पर भी कुछ बंदिशें होने को हैं
हर बात मे हिसाब मफ़ादात लगाते रहे।

वक्त ए उफ़्ताद ए इश्क आएगा जरूर
बुत्तों को इश्क मे सर पे जो उठाते रहे।

फरेब ए वफ़ा उसका अंदाज समझकर
शीराज़ दश्त यूं सराबों से सजाते रहे।

इक रोज़ तेरी ही किसी दास्तां से निकलेगा
ये गुमशुदा शीराज़ तेरी आस्तां से निकलेगा।

वक्त ए रवां है क्यूं इसे कोई रोकता नही इधर
कोई वरना जिंदगी के कारवां से निकलेगा।

पहुंचा नही कोई मेरे इबलाग तक अभी इधर
जो चला जाऊंगा किस्सा हर जबां से निकलेगा।

औराक़ जिंदगी के यूं पलट कर न देखिए
हाय तौबा काश क्या क्या जबां से निकलेगा।

खामोशियों को मेरी यूं ना तवानीं न समझ
तू हर कहानी से मेरी हर दास्तां से निकलेगा।

इक मुद्दत से मिला नही है
कैसे कह दूं गिला नही है।

आंखों मे सावन रहता है
ये तो कोई सिला नही है।

ये शिद्दत इक मुद्दत से है
कुर्बत मे भी मिला नही है।

मुश्किल है सुलझाएं कैसे
ख़म इक भी मिला नही है।

बरसों का रोना धोना है
जो चाहा था मिला नही है।

मुझमें पिन्हां है मुद्दत से
वो मुझसे कभी मिला नही है।

शीराज़ की पहचान यही है
खुद से भी कभी मिला नही है।

ख़ब्त किसे थी मेरी सुनता और मुझे कुछ कह जाता
कुछ सुनता कुछ कह जाता तो भरम हमारा रह जाता।

बात बात मे उकसाता था बात बात पर भरमाता था
दिल से काम लिया होता तो मै बाकी क्या रह जाता।

क्या होता गर फूल भी ख़ारों की राहों पर चल देते
गुलशन होते सहरा सहरा और दश्त वीराना रह जाता।

जो हमसे मंसूब नही था अच्छा हुआ कि चला गया
वरना रिश्तों की कुर्बत मे सब तन्हा तन्हा रह जाता।

खूब तहम्मुल रखता था मै सबकी बातें सुनता था मै
शीराज़ अना गर रख लेता तो आज जरा सा रह जाता।

वो ठहरता तो उसका कुछ एहतराम भी करते।
खैरमकदम करते हम कुछ इंतजाम भी करते।

वक्त यूं ही आवारगी मे गुज़रता चला गया
कोई गर साथ चलता तो कुछ काम भी करते।

शब गुज़री तमाम अपनी सितारों की शुमारी मे
बात चांद की होती तो कुछ आराम भी करते।

सूरत कोई न थी जुज़ छुप छुप के मिलने की
कि किस्से हमारे वरना कुछ सरेआम भी करते।

हम सजदे भी कर लेते अना भी ख़ाक कर लेते
तपाक से मिला होता तो हम सलाम भी करते।

उस ग़ाफ़िल को जाकर कोई बेदार तो करता
इशारा तो कोई करते कि हम कलाम भी करते।

हमारी रहगुजर कोई किसी की ज़द मे तो होती
शीराज़ शाम ए उदास को रंगीन शाम भी करते।

अपने हिस्से का हर अफसाना ले जाना।
हर अधूरी हसरत का इतराना ले जाना।

हमाहमी औ शोर से खाने लगा है खौफ
दिल से धड़कन का हर तराना ले जाना।

आलम ये बेखुदी का जाते जाते जाएगा
छलकती आंखों का हर पैमाना ले जाना।

नासूर हुआ जाता है दाग़ तेरे इलाज से
चारागर अब जां मेरी नज़राना ले जाना।

तेरी सोहबत मे कब मफ़ाद हमारा था
हर अपने नुक्सान का हर्जाना ले जाना।

रंजो ग़म औ तअस्सुफ से परे हूं आज
शीराज़ दिल पे बात का आना ले जाना।

तर्क ए तअल्लुक बाद किसी का याद आना क्या।
कोई मुद्दा उठाना क्या कोई किस्सा सुनाना क्या।

हिरासा हो रहा है दिल किसी के लौट आने पर
हमारा गिड़गिड़ाना क्या हमारा मुस्कुराना क्या।

रहेंगी कब तलक उठती हुई मौजें हवाओं मे
चाहत मे आसमां की जमीं को छोड़ जाना क्या।

पलट कर देखते हो क्या सभी औराक़ खाली हैं
कोई तहरीर ही न थी तो लिखना मिटाना क्या।

जो अपने आप मे इक दहर था इक दयार था
इक हर्फ की मानिंद शीराज़ उसको मिटाना क्या।

उल्फत को वफ़ा का नज़राना नही मिला।
इस राख को झोंका हवा का नही मिला।

हम दश्त मे निशां जिंदगी के ढूंढते रहे
सराब्र ए पुरफ़ुसूं का ठिकाना नही मिला।

बैरून ए तीरगी को रस्ते तो बहुत थे
दिल को ही जलाने का बहाना नही मिला।

खिलवत मे कभी खुद से न रूबरू हुआ
कि उसको भुलाने का बहाना नही मिला।

इस रोज रोज की दिल्लगी से तंग हूं
फसाना नही मिला कभी सुनाना नही मिला।

शीराज़ मुश्त ए ख़ाक हैं हस्तियां तमाम
बुत्त बाला बुलंद कोई जविंदाना नही मिला।

ओढ़ ली खामोशियां अयां न जज़्बात हो।
न हो चर्चा आपका न हमारी बात हो।

साहिल पे डूब कर खुदकुशी किस लिए
गिर्दाब पे शायद कुछ बेहतर हालात हो।

यूं ही तो नही लिए फिरता है कू ब कू मुझे
उम्मीद है दिल को दिल से दिल की बात हो।

इक दौर से उस रहगुज़र की तलाश है
जहां न ग़म ए तीरगी हो न ग़म की रात हो।

तलबगार मेरी तरह हो जाए वो भी अगर
ख़ामोशी से ख़ामोशी की कोई बात हो।

शीराज़ इक जन भूल जाए इक याद न करे
न हिज्र के चर्चे चलें न वस्ल की बात हो।

ना तवां कोई तुम्हारे इश्क मे कैसे चलेगा।
नोक ए सिनां जो न कोई क़ल्ब पे चलेगा।

आप ही जाएंगे हम अपनी तलब के लिए
कोई न मेरी सिम्त अब मेरे वास्ते चलेगा।

इब्तिदा ही मसाफत से हुई होगी अगर
मरासिम अहले जहां अपने रास्ते चलेगा।

कब तलक ना मयस्सर रहेगा वो हमे
अब तसव्वुर हमारे ही इशारों पे चलेगा।

इन तूफ़ानों मे अपनी कश्तियां उतार लो
जोशे जनूं अब हमारा किनारों पे चलेगा।

मौज ए रवां को रोकना आसां नही शीराज़
दिल मगर अब से हमारे इशारों पे चलेगा।

जाल मौत का हसरत ने अतराफ़ बिछाए रखा है।
धड़कन ए दिल ने कितना शोर मचाए रखा है।

किसकी खुशबू से मख़मूर हुआ जाता है दिल
दामां ए पतझड़ ने क्या कोई फूल छिपाए रखा है।

यूं ही कौन किसी पे मर जाता है मिट जाता है
दिल का सूनापन तस्वीरें बुत्तां से सजाए रखा है।

जो भी जी मे आता है बेबाक सुना देता हूं मै
अपनी महफ़िल मे खुद को अगियार बनाए रखा है।

ना उम्मीदी मे भी इक आस हमेशा रहती है
मैने इक शहर सराब्रों का अतराफ़ सजाए रखा है।

रोज़ गिराते हैं मुझको रोज़ उठाते हैं मुझको
शीराज़ तमाशा ग़म-ख़्वारों ने मुझे बनाए रखा है।

जाने कब कहां रुक जाए कारवां हयात का।
छोड़िए शिकवा इस बात का उस बात का।

कल आज और कल मे जिंदगी गुज़र चली
मौका हर गंवा दिया खुद से मुलाकात का।

बेमक़सद क्यूं चले जा रहे हैं लोग यहां
सकून किस लिए इत्मीनान है किस बात का।

कुछ बिछड़ गए कुछ बिछड़ने को तैयार हैं
आ मिल बेसबब है इंतजार किस बात का।

अल्फ़ाज़ गर नही थे तो ख़ामोश रह जाते
शीराज़ रंज ओ ग़म रहेगा हर अधूरी बात का।

बस मे जिसके जो था उसने काम कर डाला
शोहरतों ने खूब हमे बदनाम कर डाला।

हश्र इस कदर जबूं कब था इमान का
मुफलिसी ने भी मगर ये काम कर डाला।

खुशगवारियां हमारी जब रास न आई
अंजाम से पहले तमाम काम कर डाला।

बेखुदी पे मेरी तस्कीन किसको था
काफिर कहा और इक कोहराम कर डाला।

कब किसी मज़हब की तौहीन की हमने
तुम्ही ने रब को रहीम औ राम कर डाला।

शोहरते शीराज़ जब होने लगी बदनाम
हर उनवां अपने नाम का बेनाम कर डाला।

यूं तसलसुल इंतजार मे रहा।
ना ख़िज़ां मे न बहार मे रहा।

कौन सू जाऊं रही कशमकश
मौज ए तव्राफ ए मंझधार मे रहा।

जो नामचीन सितारा शनास था
गर्दिश ए दौरा की धार मे रहा।

बेकार की हैं ये बयानबाजियां
कौन किसी के इंतजार मे रहा।

ज़िक्र जो कभी उम्मीद का हुआ
हाल ए दिल जबूं रफ़्तार मे रहा।

बारहा नवाज़ा गया है शीराज़
ये दर्दे दिल सदा क़रार मे रहा।

आगोश ए हसरत इक उम्र से सोया नही।
चाह कर भी कभी शख्स वो रोया नही।

रंज ए फ़िराक हो कि या हो शाम वस्ल की
जो मयस्सर न हुआ कभी उसे खोया नही।

किस कद्र तस्कीन चेहरे से अयां होती है
लगता है दाग़ ए दिल अश्कों से धोया नही।

हरदम रहता है क्यूं दिल बेवफ़ा के फेर मे
दर्द पर मेरे खुल कर वो कभी रोया नही।

वक्त की मिज़ाज ए सर्द मेहरी जाती नही
शीराज़ दाग़ ए दिल मगर कभी खोया नही।

कोई शब ऐसी भी हो कि वस्ल की शमां जले।
कौन जाने रोज़ कितने यूं हिज्र मे अरमां जलें।

बातों बातों मे दिलासा दे दिया और चल दिया
जाने कब गुफ़्तार मे उसकी ज़िक्र मेरा चले।

हो न जाए हिरासा दिल देख कर उसकी सिम्त
अक्स उसकी आंख मे जाने किस किसका मिले।

किरदार ये अब और न हमसे निभाया जाएगा
कभी तो कोई तकल्लुफ़ बेतकल्लुफ़ सा चले।

चलता है हर सिम्त क्या खूब उसका झूठ भी
कोई क़ीमत शीराज़ अब सच अपना क्या चले।

निकले वो गर कहीं मेरी फ़िराक मे।
मिल जाऊंगा उसे राहों की ख़ाक मे।

किसको मंजूर हैं ये ख़ारों के रास्ते
निकला जरुर है कोई मेरी फ़िराक मे।

राहें अंजान हैं और मंजिल है लापता
गुम जाऊं न कहीं गुम की फ़िराक मे।

पढ़िए तो दास्तां सोचो तो ख़्वाब है
उसका ही ज़िक्र था हर इक औराक़ मे।

ये मेरा हौंसला था कि इक जनून था
पा ही लिया ख़ुदा इक बुत्त ए सफ़्फ़ाक मे।

न जीने की आरजू न जीने का रास्ता
मुबद्दल शीराज़ हो जाऊंगा मुश्त ए ख़ाक मे।

हर लफ्ज़ तुम्हारा होता है अंदाज तुम्हारा होता है।
हर ग़ज़ल हमारी होती है एहसास तुम्हारा होता है।

जाने भी दो चर्चे बहुत हुए अब अपनी शोहरत के
गुमनाम मोहब्बत से ही इधर अपना गुजारा होता है।

गुल कितने भी खिल जाएं दिल गुलज़ार नही होता
इक शौक ए नज़र से आलम गुलज़ार हमारा होता है।

इक और तमन्ना की जाए इक और शिकायत करने को
हसरत क्यूं तुम्हारी होती है क्यूं जज़्बात हमारा होता है।

शीराज़ गर्मी ए इश्क भला क्या राख करेगी मुझको
ये इश्क है दरिया आग का जल कर ही गुजारा होता है।

निगाहें शौक़ को जब कभी ये दिल तरस जाता है।
कहीं का बादल कहीं और जाके बरस जाता है।

किसी भी और से ये आईना टूटा तो नही लगता
अक्स हमारा ही क्यूं हर बार बिगड़ जाता है।

बड़ी शिद्दत से मुझको कभी याद किया करता था
नज़रें तो मिलाता है अब चुपचाप गुजर जाता है।

दूर कहीं जाकर मिल जाएंगे लगता था
मजबूर मगर कितना हर साहिल नज़र आता है।

क्यूं दास्तां कोई अपनी मुकम्मल नही होती
क्यूं नही कोई आगाज़ ए अंजाम नज़र आता है।

क्या कीजे शीराज़ अब हाथों की लकीरों का
कुछ और है खेल मगर कुछ और नज़र आता है।

क्यों इस कद्र मिलने को यूं बेताब रहता है।
ख़्वाब तो ख़्वाब है आखिर ख़्वाब रहता है।

वक्त रहते संभल जाऊं जनूं इतना ही चाहिए
वो मुझको देखना उसका बेहिसाब रहता है।

नही मिलता वो कुर्बत मे भी इतना करीब से
कि जितना सोचने भर से हमारे पास रहता है।

उठें तूफान तो महफ़ूज़ नही रहते हैं साहिल पे
भंवर मे नाखुदा बनकर वो मेरे साथ रहता है।

दाग़ ए दिल का कोई मदावा कर नही सकते
ज़ख्म ए रवानी मे उसका अहसास रहता है।

खुशबू से उसकी महक जाती हैं बेज़ारियां
अगरचे शीराज़ इसीलिए तू उदास रहता है।

पैकर ए तस्वीर ए जानां गर लिबास हो जाता।
ज़र्रा किसी की सोहबत मे आफताब हो जाता।

मिलना मिलाना किसी का मुकद्दर की बात है
वरना किसी के वास्ते सितारा शनास हो जाता।

की दस्त ए दुआ खुद की ही नाकामी के वास्ते
शौक़ ए मुकम्मल पर आलम उदास हो जाता।

मेरी नाकामियों पे जश्न करने वालो ज़रा सोचो
क्या होता गर मेरे जैसा तुम्हारा हाल हो जाता।

इक मुद्दत से क़फ़स मे हूं ख़्याल ए यार की
जंजीरें हैं मंसूब उससे वरना आजाद हो जाता।

मौजों को दरिया का अगर किनारा न मिलता
शीराज़ मै इस पार या फिर उस पार हो जाता।

उल्फत के नाम पर मतलब निकालते हैं।
वरना किस्से हवाओं मे बेज़ा उछालते हैं।

बहुत हो चुकी यां दिलकश फ़रेब नज़रें
वां कभी उल्फत मे लोग दम निकालते हैं।

इस तरह किसी से ताल्लुक रहा हमारा
कि रोज़ रोज़ खुद से करते तिजारतें हैं।

रखिए अना को राहे इश्क से परे जनाब
ये तो इब्तिदा है अभी और ज़लालतें हैं।

रश्क आईने से वो करते रहे ता उम्र
उसपे गज़ब कि आज भी सूरत संवारते हैं।

लबों का दिल से राब्ता न हो सका शीराज़
जो उसने कह दिया तो सदाकत मानते हैं।

ख़ुदा मिले न मिले नाखुदा जरूरी है।
कि मंजिलों के लिए रास्ता जरूरी है।

मै अपने आप से मिलता तो मगर कैसे
अगरचे तोड़ना कोई राब्ता जरुरी है।

शनास मेरा मेरे शहर मे नही मिलता
कि दुश्मनों से अब वास्ता जरूरी है।

क्या जरुरी है तआसुफ़ न मयस्सर पे
कि मुकद्दर के सिवा और क्या जरुरी है।

तू अपने आप को बेशक आसमां करले
जमीं से भी मगर इक राब्ता जरुरी है।

जो संग ब दस्त हैं पत्थर चलाएंगे कैसे
कि सच पे झूठ का पर्दा जरा जरुरी है।

किसी से कोई गिला यूं किया नही जाता
शीराज़ पहले कोई राब्ता जरुरी है।

असीरी ए जुस्तजू से अब आजाद कर मुझे।
ओ याद आने वाले न अब याद कर मुझे।

ख़ाक होकर भी कुछ वजूद कायम है अभी
रफ़्ता रफ़्ता यूं किश्तों मे न बर्बाद कर मुझे।

चलती हैं मेरी सिम्त अबस हवाएं उधर से
चलूं मै कू ए यार फिर न इरशाद कर मुझे।

नोक ए सिनां से रख दूं क्या सीना चीरकर
ए दिल यूं चीख चीखकर न नाशाद़ कर मुझे।

इक तमन्ना काफी थी करने को हमे तबाह
हज़ूम ए जुस्तजू ए शीराज़ न इमदाद कर मुझे।

बाशिंदगाने वतन वफ़ादार होने चाहिएं।
गद्दार सब सरहदों के पार होने चाहिएं।

आब ओ हवा मे जो मिला रहे हैं ज़हर
ख़ाक मे मंसूबे ओ किरदार होने चाहिएं।

वो दे रहे हैं तो बेशक दे हवाएं आग को
सरफ़रोश शरारों से तैयार होने चाहिएं।

कह नही सकते जय हिन्द जो जो बशर
नाम औ चेहरे सब आशकार होने चाहिएं।

महफूज सरहदें महफूज रखेंगी कब तलक
सरकश घर घर मे तैयार होने चाहिएं।

महकेगी मिट्टी वतन की शीराज़ और
शर्त है कि ख़ाक मे अगियार होने चाहिएं।

बेशक न मेरे नाम से मुझको पुकारा कर।
तू भी है तलबगार कुछ तो इशारा कर।

बेख़ुदी मे जो देखा भुला नही सकता
बेसबब न सूरते हर दिन संवारा कर।

होश मे न कोई जोखिम उठाया जाएगा
इक ज़ाम पहले हल्क से तो उतारा कर।

मर जाएगा कोई जिद के जद्दोजहद मे
इब्तिदा ए इश्क आ फिर से दोबारा कर।

आसां नही है रोज़ यूं मर मर कर जीना
दे किनारा मुझे या जिंदगी किनारा कर।

ये वसवसे और क़ातिल अदाएं बेकार हैं
कभी तो सादगी से थोड़ा गुजारा कर।

कभी वक्त से आगे हूं कभी वक्त से पीछे
शीराज़ कोई लम्हा खुद मे गुज़ारा कर।

मै जानता हूं लौट कर वापस न आएगा।
मै भूल जाऊंगा तो क्या वो याद न आएगा।

ये रोना हसरतों पे फिर भी हसरत किए जाना
पीकर ज़हर फिर जीने की चाहत किए जाना।

आसां नही नही जीना तो मरना है कहां आसां
हर जुस्तजू पे खुद को कुछ राहत दिए जाना।

रोके से भी रुकता ही नही तमन्नाओं का कारवां
अबलाग़ ए फ़िक्र ए राह मसाफ़त किए जाना।

रफ़्ता रफ़्ता रंज ए फ़िराक ए वक्त गुजर जाएगा
फक्त अपने आप से जरा उल्फत किए जाना।

किरदार किसी का इधर कैसा भी रहे शीराज़
तू खामियां सबकी नज़र अंदाज़ किए जाना।

कुछ तो तड़प तड़प कर ये जां निकलती है।
मुसीबत कि इक बार मे कहां निकलती है।

सीने मे जिसको दफ़न कर नही सकते
होठों से भी वो बात अब कहां निकलती है।

शिद्दत वही है लज्ज़त ए शिद्दत नही रही
सीने से सर्द आह कोई कहां निकलती है।

माहिर नही है जो उसे खंजर न दीजिए
किस कद्र मुश्किल से फिर जां निकलती है।

रहमो करम की उससे दरकार क्या कीजै
जिसकी रहबरी से अपनी जां निकलती है।

ये जिंदगी इताब ए सितमगर की दास्तां है
शीराज़ क्या किसी की यूं भी जां निकलती है।

शिद्दत: बेचैनी; इताब: कहर, ज़ुल्म

दौ रोज के जलवे हैं दौ रोज की जवानी।
रहती नही सदा कभी मौजों की रवानी।

कोई शै नही यहां से भी तू ले के जाएगा
मिट जाएगी तेरे साथ तेरी हर निशानी।

किस बात की अकड़ है ए बदगुमां बता
इस्म जिस्म जां बता क्या है लाफ़ानी।

आया था ख़ाली हाथ ख़ाली हाथ जाएगा
किस बात पे रहती है क्यूं कर पशेमानी।

मयस्सर है जो उस पर कभी इत्मीनान कर
छोड़ ये धोखा फ़रेब और बेइमानी।

किरदार बदलता है रोज रोज आदमी
उनवां नया शीराज़ दास्तां है वो ही पुरानी।

इन्तिहा की कोई हद मुक़र्रर न कर सके।
इंतजार वो रहा कि जी सके न मर सके।

शब गुजर गई कि बस जुस्तजू करते करते
रूबरू सहर हुए पर कुछ अयां न कर सके।

इस कद्र भी न कोई महवे ख्याल ए यार हो
वो रूबरू हो मगर दिल यकीं न कर सके।

होने लगा है जिक्र उसका हमारे किस्से मे
फिर अधूरी दास्तां पे गिला न कर सके।

पुर-फुसूं तब्बसुम कभी तंज़ ए तब्बसुम
कुछ बयां कर दिया कुछ बयां न कर सके।

रफ़्ता रफ़्ता कुछ यूं मसाफ़त होने लगी
वो हमजबां तो हो गया हमनवां न कर सके।

फ़ख्र अपनी बेख़ुदी पे शीराज़ क्यूं न करें
कार वो कर चले जो होश मे न कर सके।

फक्त मै ही तो नही था तन्हा इधर।
मिला हर आदमी गुमसुम सा इधर।

हिस्सा हुजूम का मै नही हो सका
बेरब्त आदमी से आदमी था इधर।

वो शख्स अब किसी काम का ही नही
हर किसी का जो रहनुमा था इधर।

वो अंजुमन नही वो अब हमाहमी नही
चला गया कभी जो तकरार था इधर।

वो गुफ्तगू मरासिम वो कहकहे गए
अगरचे कोई हादसा हुआ था इधर।

अल्फ़ाज़ गुम कहीं, कहीं ज़बान बंद है
दौ बोल प्यार के क्यूं ढूंढता था इधर।

ये नक्शे तीरगी कर लो क़ैद रोशनी मे
माज़ी ए शीराज़ गुम हुआ था इधर।

हर कोशिश पे जिंदगी उलझती गई
इधर सवांरा तो उधर बिगड़ती गई।

हर गुजारिश ने देखा निगाहें तंज से
इक रेत थी हाथों से निकलती गई।

कुछ सवाल कर बैठा क्यूं हयात से
सब किनारों से जिंदगी जलती गई।

होके रूबरू अगरचे कोई बात करेंगे
शाम ए जिंदगी ढलते ढलते ढलती गई।

अब न जमीं ए पा न आसमां सर पे
शीराज़ जिंदगी दर ब दर भटकती गई।

इश्क मे या रब कैसी हसरतें करने लगे।
कि रक़ीबों से जाकर मिन्नतें करने लगे।

मिटने को तैयार थे कभी अना के वास्ते
ख़ाक खुद को किसी के वास्ते करने लगे।

इश्क तो दुरुस्त है जनून भी तो चाहिए
बेसबब क्यूं ज़र्फ़ किसी के वास्ते करने लगे।

ज़िद थी कि हो फैसला आज हर बात का
बिन कहे सुने जुदा फिर रास्ते करने लगे।

वो याद आने का सबब, भूलने की कोशिशें
ला हासिल हसरतों की हसरतें करने लगे।

मजबूरी ए हालात मे मारे गए हम शीराज़
देख फ़रेब ए शोखियां मिन्नतें करने लगे।

इश्क मे हाफिज ख़ुदा के सिवा कोई नही।
रहनुमा कोई नही और नाखुदा कोई नही।

आइऐ फ़रेब ए नज़र की ज़द मे बार बार
बच कर निकल जाने को रास्ता कोई नही।

हमसे तआल्लुक तर्क का कोई बहाना ढूंढिए
अंजाम तक जाने को अब रास्ता कोई नही।

न लुत्फ न लज्ज़त न वो सुरूर ही रहा
कि मयकशी को आंख से वास्ता कोई नही।

दिल्लगी भी दिल को अब रास आती नही
दर्द बह जाए आंख से कि रास्ता कोई नही।

जुदा जुदा हैं रास्ते सबकी जुदा हैं मंजिलें
शीराज़ किसी से किसी को वास्ता कोई नही।

निय्यत ए शौक़ का अगर जनून उतर जाएगा।
होशोहवास मे फिर मजनून किधर जाएगा।

जो अक्ल औ ख़िरद से हम भी रखेंगे वास्ता
इश्क ढूंढने अपना मामून किधर जाएगा।

राब्ता गैरों से इस कद्र अच्छा नही लगता
सोहबत मे किसी की सकून बिखर जाएगा।

यादें गुज़िश्ता से निकले तो कोई किस तरह
तसव्वुर ए जानां सब मजमून बिखर जाएगा।

रखिए कि न रखिए कोई राब्ता हमसे शीराज़
तर्ज़ ए तग़ाफ़ुल से मगर मजनून संवर जाएगा।

निय्यत ए शौक़: प्यार करने की चाहत; मजनून: दीवाना; मामून: भाग्य; तर्ज़ ए तग़ाफ़ुल: लापरवाही का अंदाज

शहर शनास किसकी फ़िराक़ मे गुम है।
कोई दास्तां जैसे किसी औराक़ मे गुम है।

क्यूं ताजगी किसी सबा मे नही मिलती
कहीं खुर्शीद अपनी शफ़ाक़ मे गुम है।

मकान सारे शहर के बेसदा मिले मुझे
रौनक ए रुख़सार यहां की ख़ाक मे गुम है।

ग़म की बिसात क्या हमको रुला सके
देखिए क्या क्या दिल ए सफ़्फ़ाक मे गुम है।

हर इक सूरत जानी पहचानी लगती है
शीराज़ फिर किसकी रंज ए फ़िराक़ मे गुम है।

शहर शनास: शहर का जानकार; औराक़: किताब के पन्ने; खुर्शीद: सूरज; शफ़ाक़: सुबह की लालिमा; सफ़्फ़ाक: निष्ठुर; रंज ए फ़िराक़: बिछड़ने का ग़म

कोई तो आए तसव्वुर मे और आकर उकसाए मुझको।
बहकी बहकी बातों से किसी रोज वो बहकाए मुझको।

मै कौन हूं मेरा नाम है क्या कुछ भी तो याद नही मुझको
कोई तो पुकारे नाम मेरा और होश मे ले आए मुझको।

उसे इल्म नही उसे ख़बर नही मेरे हालात ए हाल की
जुज़ तेरे ओ मेरे चाराग़र कौन ज़हर पिलाए मुझको।

मरने का सबब देने वाले आ देख तमन्ना जीने की
रूह चीख चीखकर कहती है कोई तो उठाए मुझको।

बेरब्त हुए जाते हैं शीराज़ सब किस्से अफसाने मुझसे
ग़ज़ल अधूरी है अपनी जब तक न वो उकसाए मुझको।

आसमां की सिम्त पत्थर उछाल कर।
ख़ुश हुआ दीवाना खुन्नस निकाल कर।

हो गए रुसवा बेकार नाज़नीनों मे
क्या मिला लाहासिल हसरत निकाल कर।

कुछ भी कर इश्क मे जुस्तजू न कर
आवारगी मे रख दिल को संभाल कर।

इश्क मे कोई इश्क का सबब नही होता
रखे कैसे कोई खुद को संभाल कर।

सकून आंखों का दिल को रुलाएगा
दीदार ए यार जुस्तजू रखिए संभाल कर।

हर बात का जनूं यूं अच्छा नही शीराज़
लाहासिल हसरत पे न यूं बवाल कर।

फक्त यही तो था हमारे इश्क का दारोमदार।
बेचारगी लाचारियां और गज़ब दिल बेकरार।

इस कद्र अरजां न था जो दाम लगाया गया
क्या करेंगे वो किसी से दिलों का कारोबार।

क्यूं मेरी शौक़ ए नज़र पे भी उसे एतराज है
क्यूं जताता है है मेरे दिल पर वो अख्तियार।

इससे ज़्यादा और हम जंबू हाले दिल क्या करें
न आने वाले कल का मुद्दत से है इंतजार।

ये महफ़िलें हमाहमी शोरोगुल मुबारक उसको
न ख़िजां पे रंज मुझे न बहारों पर कोई करार।

इज़तिराब्र ए दिल को साग़र से आराम कहां
शीराज़ अब न होश है न कोई हमको ख़ुमार।

यूं ही किसी भी जुस्तजू पर शाद़मा होते रहे।
बेज़ार हसरतों पे क्या क्या आसमां रोते रहे।

जब जी किया चेहरा तसव्वुर मे देखा किए
थोड़ा थोड़ा सा रोज हम खुद से जुदा होते रहे।

उस बेखबर को कभी बेदार करने के लिए
गर्द बन कर उड़े कभी जल कर धुआं होते रहे।

बेदार आंखों पर किसी का शब भर पहरा रहा
आंसुओं से रात भर कई ख़्वाब पिरोते रहे।

हर शख्स था मसरूफ अपने अपने दयार मे
जिस जिस से मिले तपाक से वो दूर दूर होते रहे।

अब किसी से दोस्ती न कोई राब्ता न वास्ता
ये सब सिलसिले शीराज़ दिल का नासूर होते रहे।

मुद्दत हुई है उसके घर का रास्ता देखा नही।
बाबस्ता था मुझसे जो वो आस्तां देखा नही।

बदगुमां थे कितने उसके अंदाजे गुफ्तार पर
होशोहवास से अभी तक राब्ता देखा नही।

इन राहों पर आते जाते इक उम्र गुजारी है
बरसों हमने अपने घर का रास्ता देखा नही।

मेरी खिलवत मे जब से कोई आशना हुआ
खुद से खुद का फिर हमने राब्ता देखा नही।

इक खुशबू को हर नफ़स तरसती है कब से
चमन दिलों का कब से आरास्तां नही देखा।

वो इक तलब है कि हसरत ए आशुफ़्ता सरीं
शीराज़ अभी तक रूबरू ए राब्ता नही देखा।

न ख़ुम न सुबू न जाम न शराब।
शौक़ ए यार ने हमे किया खराब।

शर्मिंदा हुए गुल हुस्न ए यार पर
हो रहे हैं जर्द आरिज़ ए ग़ुलाब।

बड़े शौक़ से देखते थे हम कभी
दर्दे दिल इधर वो हुस्न लाजवाब।

बाद ए सबा औ नज़ारे शाम के
ले आई कहां हमको मौजे सराब।

निगाहें शौक़ से न देखिए कभी
आंखें मस्त और वो सूरते जनाब।

कसूरवार ही अब करेंगे फैसला
मकतूल ही निकलेंगे कातिल जनाब।

शीराज़ बात दिल की न मानिए
कहोगे फिर कि किसने किया खराब।

राजेश कुमार महाजन

शायरी के लिए अपने आसपास एक माहौल ईजाद करना होता है, उसमे डूब जाना होता है, तभी कुछ ख़्यालात, जज़्बात फिक्र इक ग़ज़ल की शक्ल बनते हैं। ये मेरा पयाम है उनके लिए जिनके पास वक्त है फ़न भी है और अल्फ़ाज़ की ज़हन मे लुग़ात है, कुछ न कुछ जरूर लिखें।

www.ingramcontent.com/pod-product-compliance
Lightning Source LLC
LaVergne TN
LVHW041555070526
838199LV00046B/1984
9789364527095